고 홍

2021

고흥

– 팔영산

김재석 시집

사이재

시인의 말

고흥은
고흥우주발사전망대,
나로우주센터 우주과학관으로
잘나가고 있다

고흥우주발사전망대,
나로우주센터 우주과학관으로만
잘나가는 게 아니라
팔영산으로
능가사로
소록도를 비롯하여
앞바다의 섬들로도
잘나가고 있다

고흥을
문학과 스토리텔링으로 접목한 나의 시가
모두 다 잘나가는
고흥의 눈에 찰지 고민이다

    2021년 봄
    일속산방一粟山房에서
    작시치作詩痴 김 재 석

차례

고흥

시인의 말

1부

고흥 13
고흥 1 15
고흥 2 16
고흥 3 18
고흥 4 20
고흥 5 22
고흥 6 24
고흥 7 26
고흥 8 28
고흥 9 30
고흥 10 32
고흥 11 34
고흥 12 36

2부

팔영산八影山 39

유영봉은 군자君子이다 41

성주봉은 오독하기 쉽다 43

생황봉은 만파식적萬波息笛이다 45

사자봉은 궁금증의 대명사이다 46

오로봉이 입증하다 48

두류봉을 만나지 않고서는 통천문을 만날 수 없다 49

칠성봉이 통천문을 거느리고 있다 50

칠성봉은 아무나 만나주지 않는다 51

적취봉 52

깃대봉 53

3부

팔영산 진달래 57

소록도가 일가를 이루다 58

남열리 일출 60

고흥만 갈대들에게 배우다 61

나로도가 날개를 달아주다 62

천등산 비자나무숲에서 헝클어진 마음을 빗질하다 64

영남 용바위가 해룡이 승천하는 데 한몫을 하다 66

금산해안을 다들 알아본다 68

마복산 기암들에게 다도해의 섬들이 한눈팔다 70

중산일몰 72

4부

발포만호성에서 충무사가 눈빛으로 혼잣말을 하다 77
미르마루길에서 여의주를 꿈꾸다 79
능가사 목련이 구설수에 오르게 생기다 81
능가사 대웅전에게 내가 속을 보이다 82
능가사 응진전이 화엄일승법계도로 나의 발목을 붙들다 84
능가사 범종이 범상치 않다 86
금탑사 동백숲이 지나가는 나를 가만둘 리가 없다 88
금탑사 봄꽃들이 내 눈에 뛰어드는데 말리지 못하다 90
접시꽃이 담장 너머 장독을 내려다보다 92
파초 두 그루가 극락전의 심복이다 93
금탑사 담장의 능소화가 약수터를 약사전 삼았다 94
꽃무릇 96

5부

소록도 99
국립소록도병원은 수고하고 무거운 짐 진 자이다 100
단종대가 얼굴을 들지 못한다 102
수탄장愁嘆場 104
수오마사스를 이춘상이 단죄하다 106
하나이 젠키치는 송덕비로 영원히 살아남았다 108

마리안느와 마가렛이 소록도란 박토를 일구는 데 앞장
  서다 110
감금실은 면목이 없다고 한다 112
검시실이 안절부절못하다 115
천주교 야외공원의 지나간 미래는 벽돌공장이다 116
소록대교는 보리피리다 117
구라탑救癩塔의 구라는 거짓말로 오독하기 십상이다
  118
한센병박물관은 거짓이 없다 120
소록도 한하운 시비가 드러누워 있다 122
소록도의 달 124

6부

금강죽봉 주상절리가 끝내준다 127
활개바위는 누가 보는 데서 활개를 치지 않는다 128
화도 130
시산도 132
득량도 134
거금도 136
연홍도 139
오마도는 마음이 편치 않다 140
지죽도 142
죽도 144
외나로도 145

내나로도 146

백일도 147

사양도 148

수락도 150

여도 152

원주도 153

취도 154

시호도 155

우도 156

쑥섬이 별들의 사랑을 독차지하다 158

1부

고흥
- 서시

고흥이
나를 알아주리라고 생각도 못했다

나를 알아준 고흥을 위하여
뭔가를 해야 한다

고흥이
나를 알아준다고 해서
뭔가를 하고
고흥이
나를 알아주지 않는다고 해서
뭔가를 안 할 내가 아니지만

고흥의 격에 맞게
고흥에게 누가 되지 않게
뭔가를 해야지

뭔가를 하지 않고는
배길 수 없을 때까지
기다려야 하나,
지금 바로 시작해야 하나

고흥이
나를 알아보리라고 생각도 못했다

고흥 1

꿈이 하늘보다 높은
고흥은
누구도 못 말린다

밖으로
밖으로만 돌라 하는데
밖도 그냥 밖이 아니라
지구 밖이다

지구 밖으로
나가는 것도 중요하지만
지구로
돌아오는 게 더 중요하다

고흥우주발사전망대,
나로우주센터 우주과학관,
국립청소년우주센터,
고흥우주천문과학관이 주범이다

꿈이 바다보다 깊은
고흥은
누구도 못 말린다

고흥 2

고흥의
해와 달, 별빛이 신경을 써
대처로 보내 빛을 본 이들은
누구인가

서민호, 조종현, 김일, 천경자,
목일신, 송수권, 박지성이
눈에 띈다

고흥의
해와 달, 별빛이 편애한다는
오해를 살 수도 있겠다

고흥의
해와 달, 별빛이 신경을 쓰지 않은 이들이
고흥에는 단 한 사람도 없다

서민호, 조종현, 김일, 천경자,
목일신, 송수권, 박지성은
해와 달, 별빛에게 입은 은혜를
실력으로 갚았다

고흥의
해와 달, 별빛이 신경을 써
대처로 보내 빛을 본
서민호, 조종현, 김일, 천경자,
목일신, 송수권, 박지성 외에 빛을 본 이는
또 누구인가

고흥 3

고흥의 몸에서 나는 냄새가
내 코를 가만두지 않는다

먼 걸음을 한 길들 중의 하나인
나로 하여금
코를 킁킁거리게 하는
이 냄새는……

거시기 냄새 같기도 하고
머시기 냄새 같기도 하고
포도시 냄새 같기도 하고
……

냄새치곤 희한한 이 냄새는
한 가지 냄새가 아니고
유자, 석류, 해미수미, 마늘, 참다래,
꼬막, 미역. 한우 냄새가
어깨동무한 것이다

나와 생각이 다른
먼 걸음을 한 길이 있으면

나와 봐라,
나와 봐

개코인
내 코는 누구도 못 말린다

고흥의 몸에서 나는 냄새가
내 코를 가만두지 않는다

고흥 4

고흥이
먼 걸음을 한 길들 중의 하나인
나를 위하여 차린
밥상이 걸다

평소에
고흥이 뭘 먹고 사는지
몰라도
손님 접대는 확실하게 한다

참장어, 낙지, 삼치, 전어, 서대,
굴, 매생이, 붕장어,
후식으로 유자차까지
내놓는다

밑반찬을
내가 다 열거하지 않은 걸
눈치 빠른 길들은
다 알 것이다

평소에

고흥이 이렇게 차리는지
손님 접대 때만 이렇게 차리는지
궁금하다

고흥이
먼 걸음을 한 길들 중의 하나인
나를 위하여 차린
밥상이 걸다, 진짜로

고흥 5

고흥은 놀 줄 안다

일만 쎄빠지게 하고
놀 줄 모르는 바보가 아니다

무턱대고
먹고 마시다가
쌈질하는 일 따윈
고흥의 사전에 없다

놀아도
품위 있게 논다

남열 해맞이 축제,
과역 참살이 매화축제,
고흥우주항공축제,
녹동 바다불꽃축제,
해창만 캠핑페스티벌,
유자 석류 축제

놀 때도

일할 때처럼
어영부영하지 않고
확실하게 논다

고흥은
누구보다 잘 논다

고흥 6

고흥은 똘똘 잘 뭉친다

고흥의 해와 달, 별빛이
고흥에게
뭉쳐야 산다고
귀띔한 것도 아니다

팔영산이
뭉치라고
눈빛으로
옆구리를 찌른 것도 아니다

고흥이
누가 귀띔하고
누가 옆구리 찔러서
뭉친 게 아니다

김일이 응원하고
박지성이 응원하다 보니
자연스럽게
뭉치게 됐다

고흥은 똘똘 잘 뭉친다,
누구보다

고흥 7

『산문에 기대어』로
날개를 단
송수권의 시어는 다 고흥 말이다

고흥 말이 아니면
내 손에 장을 지진다

송수권 시에 꽂힌 내가
나중에 전대 국문과 교수가 된
친구 손휘하와 함께
염주동에 둥지 튼 송수권 시인을
뵌 적이 있다

송수권 시의 비밀은 차치하고
송수권 시어의 발원지를 물었으나
대답은
목숨을 걸고 쓴다는 말뿐이었다

시도
바둑처럼
목숨을 걸고 쓰는 것을 그때 알았다

나는
두 집 내고 살려고 버둥거리느라
생애 내내
시 쓰기에 목숨을 걸지 못했으나
송수권 시어의 발원지를 우연히 알아냈다

고흥이 낳은
천경자가 뱉어낸 『한限』속에
얼굴 내민 언어들이
송수권 시어와 일란성 쌍둥이었다

『지리산 뻐꾹새』로
비상한
송수권의 시어는 다 고흥 말이다

고흥 8
- 가족문학관이 말해 준다

고흥분청문화박물관의 이웃사촌인
가족문학관이 말해 준다,
고흥이 얼마나 머리가 비상한가를

전통과 개인의 재능을 자랑하는
고흥분청문화박물관과 가족문학관을
이웃사촌이 되게 한 것은 물론
세상에 없는 가족문학관을 낳아
시너지 효과가 무엇인가를
이중으로 보여준 것을

고흥이
전통과 개인의 재능이 무엇인가를
시너지 효과가 무엇인가를
확실히 아는지
대충 아는지
전혀 모르는지
그게 궁금하다

대충 알고
고흥분청문화박물관의 이웃사촌인

가족문학관을 낳았을
가능성이 많다

고흥분청문화박물관의 이웃사촌인
가족문학관이 말해 준다,
고흥이 얼마나 머리가 비상한가를

고흥 9

녹동 바다정원은
고흥이 순발력이 있다는 걸 말해 준다

한때
고흥의
앳가심이자
눈엣가시였던
소록도가
효자 노릇할 줄 누가 알았으랴

녹동을 방문한 아니
소록도를 방문한
먼 걸음을 한 길들에게
뭔가 안겨 주기 위하여
녹동 바다정원이 태어났다

녹동 바다정원에
얼굴 내민 사슴과 물고기가
먼 걸음을 한 길들을 가만두지 않는다

소록도가

녹동과 한 형제간인 건
녹鹿이 증명한다

녹동 바다정원은
고흥이 순발력이 있다는 걸 말해 준다,
단번에

고흥 10

고흥이
금당팔경으로 나를 호강시켜 주고 있다

거금도의 이웃사촌인
완도 금당도로
재미를 보는 고흥은 영특하다

금당팔경이
병풍바위,
부채바위,
스님바위,
교암청풍,
금당절벽,
초가바위,
코끼리바위,
남근바위만
나를 호강시켜 주는 데
기여하는 게 아니라
금당팔경에 들지 못한 풍경들도
나를 호강시켜 주는 데
기여하고 있다

팔경에 들지 못한 풍경들 중에
팔경보다 더 뛰어난
풍경들도 있다

해방 직후
6·25전쟁 중에
슬픔의 도가니에 휩싸였던
금당도가 거느린
금당팔경이
나를 호강시켜 줄 줄이야

고흥이
금당팔경으로 나를 호강시켜 주고 있다

고흥 11

고흥은 불로초로 잘나간다

불로초가 머리카락 보일까 봐
바위틈에 꼭꼭 숨어 있는 게 아니라
보란 듯이
여기저기 흩어져 있다

불루초가 보란 듯이 흩어져 있기에
불로초를 잘 찾지 못한다,
오히려

불로초가
고흥에 있다는 걸 알지 못하고
생을 졸업한 이는 서긍만이 아니다

불로초는
해와 달, 별빛을 잔뜩 챙긴
유자와 석류와
해와 달, 별빛을 잔뜩 챙겨도
티가 나지 않는
청다래가 의기투합하여 태어난다

유자와 석류와 청다래 중에
누구 하나만
등 돌려도
불로초는 태어나지 않는다

불로초로 잘나가는 고흥은
불멸이다

고흥 12

지나간 미래와
다가온 과거가 공존한다

지나간 미래 중의
지나간 미래는
시호도에 둥지 틀었다

두문불출
시호도 밖으로
나가본 적이 없다

다가온 과거 중의
다가온 과거는
나로도에 둥지 틀었다

밖으로
지구 밖으로
날아갈 생각만 한다

다가온 과거와
지나간 미래가 공존한다

2부

팔영산八影山

부동이화가 맞나,
동이동화가 맞나

유영봉,
성주봉,
생황봉,
사자봉,
오로봉,
두류봉,
칠성봉,
적취봉

생긴 것은
조금 씩 달라도
유전자는 동일하다

아무나 만나주지 않는
깃대봉에게
물어보면 안다

나의 마음을 읽은

깃대봉이
삐끗이 웃기만 한다

동이동화가 맞나,
부동이화가 맞나

유영봉은 군자君子이다

팔영산에 꽂힌 나의 손을
맨 처음 잡아준
유영봉은 군자이다

먼 걸음을 한 길들이
자신을 알아주지 않아도
인상을 구기지 않는다

자신을 알아주기는커녕
우습게 여겨도
인상을 구기지 않을 것이다

자신을 알아주는 나에게
공자와 자로가
주고받은 이야기를 눈빛으로 안겨준다

子貢 曰 我不欲人之加諸我也 吾亦欲無加諸人
子曰 賜也. 非爾所及也.

내가 공자와 자로가 주고받은 이야기를
알아먹으리라는 걸

어떻게 알았을까

자신을 알아주는
나를 알아주는
유영봉은 군자이다

*

子貢 曰, 我不欲人之加諸我也, 吾亦欲無加諸人
자공 왈 아불욕인지가제아야 오역욕무가제인
子 曰, 賜也, 非爾所及也
자 왈 사야 , 비이소급야
(논어論語 제오편第五篇 공야장公冶長)

*자공이 말하기를 "나는 다른 사람이 나에게 해주지 않았으면 하는 것을 나도 역시 남에게 베풀지 않고자 합니다."라고 하자, 공자께서 말씀하시기를 "자공아, 네가 미칠 수 있는 것이 아니다."라고 하셨다.

성주봉은 오독하기 쉽다

천상천하유아독존天上天下唯我獨尊. 성주봉은
오득하기 쉽다

저만 잘난 줄 안다고,
잘난 척한다고

자기가 깨달은 것을
혼자 챙기지 않고
중생들과 나누려한 부처를 닮은
성주봉에게 배울 게 한두 가지가 아니다

성주봉을 보리수 삼아
뭔가 깨달음을 얻지 못하면
성주봉을 떠나지 않을 생각을 하는
나의 등을 성주봉이 떠민다

성주봉의 품에서
뭔가 깨달음을 얻지 못하면
성주봉을 떠나지 않겠다는 생각을
가상하게 여긴 것이다

천상천하유아독존天上天下唯我獨尊 성주봉은
오득하기 쉽다

생황봉은 만파식적萬波息笛이다

생황봉은 만파식적萬波息笛이다

유영봉,
성주봉,
사자봉,
오로봉,
두류봉,
칠성봉,
적취봉으로 하여금
이따금 귀를 곤두세우게 하는

생황봉의 눈빛이 닿는 곳은
근심, 걱정이 사라지게 하는

팔영산의
바람 소리,
바람 소리는
생황봉이 낳았는지도 모른다

생황봉은 만파식적萬波息笛이다,
구멍 없는

사자봉

사자봉은 궁금증의 대명사다

암사자인지,
수사자인지

수사자라면
갈기, 갈기를 세울 것이다

암사자라면
불알이 없을 것이다

유영봉,
성주봉,
생황봉,
오로봉,
두류봉,
칠성봉,
적취봉이
겁먹지 않는 걸 보면
사자치곤 순해 빠졌다

사자봉은 궁금증의 대명사다,
여전히

오로봉이 입증하다

다도해 섬들과 눈이 맞은 팔영산이
바위들의 무릉도원인 걸
오로봉이 입증한다

여덟 봉우리 중에
오로봉이 끼지 않았으면
누구도 눈치채지 못했을 것이다

진달래, 진달래가
복사꽃, 복사꽃을 대신한 걸
생각 있는 길들은 바로 깨달을 것이다

오로봉은
복숭아 알러지가 있을 것이다,
분명히

다도해 섬들과 한통속인 팔영산이
바위들의 무릉도원인 걸
오로봉이 입증한다

두류봉을 만나지 않고서는 통천문을 만날 수 없다

먼 걸음을 한 길들이
두류봉을 만나지 않고서는
통천문을 만날 수 없다

두류봉, 두류봉이
거만하게 군다는 소리를 들은 적이
없다

두류봉이 거만하게 굴기는커녕
어떤 봉우리보다
더 많은 것을 보여준다

통천문을 만날 생각에
들떠 있던 길들이
통천문을 잠시 망각할 정도이다

먼 걸음을 한 길들이
두류봉을 만나지 않고서는
통천문을 만날 수 없다

칠성봉이 통천문을 거느리고 있다

하늘과 내통하고 있는
칠성봉이
통천문을 거느리고 있다

칠성봉이
하늘과 내통하고 있는 것을
통천문이 귀띔해 주었다

하늘과 내통한 것을
칠성봉이
내세운 적도
내세우지 않은 적도 없다

칠성봉은
통천문이 자랑스럽다,
그야말로

하늘과 내통하고 있는
칠성봉이
통천문을 거느리지 않고도
거느리고 있다

칠성봉은 아무나 만나주지 않는다

아무나 만나주지 않는다

통천문,
통천문이 허락한 자만을 만나준다

거만하단 말을
교만하단 말을 들은 적이 없다

먼 걸음을 한 길들이
통천문의 허락을 구하는 것을
당연시한다

통과의례,
통과의례가
머릿속에 들어 있어서다

누구나
만나주지 않는다

적취봉

병풍에서 나는 물총새를 닮은
적취봉에게 배울 게 한두 가지가
아니다

그중에서
집중과 선택 아닌
선택과 집중은 백미白眉다

먼 걸음을 한 길들에게
선택과 집중을 안겨주려고
적취봉은 태어났다

적취봉이
팔영산을 뜨지 않는 이유도
여기에 있다

병풍에서 나는 물총새를 닮은
적취봉에게 배울 게 한두 가지가
아니다

깃대봉

먼 걸음을 한 길들 중에
어떤 길은 받아주고
어떤 길은 받아주지 않은 적이 없다

빈부귀천
따지지 않는다

자신을 찾은 길들이
마음껏 펄럭일 수 있도록
깃대가 되어준다

길들의 유혹에도
따라 내려가지 않는
진달래가 증인이다

생각이 있는 길들은
나의 생각에
누구도 이의를 제기하지 않을 것이다

먼 걸음을 한 길들 중에
어떤 길은 받아주고
어떤 길은 받아주지 않은 적이 없다

3부

팔영산 진달래

맨 몸의
클리프 행어다

내려갈 생각이 없다

팔영산에 꽂힌 것이다

진하지도
연하지도 않은
분홍이 주특기다

분홍을
내세우지도
내세우지 않지도 않는다

해와 달, 별빛을
일등급만 상대한다

내려갈 생각이
아예 머리에 없는
클리프 행어다

소록도가 일가를 이루다

한때 순해 빠진
소록도가 궂은일을 도맡아
일가를 이루었다

'당신들의 천국'를 꿈꾸었던
소록도의 당신들이
궂은일이라는 말에 상처 입을까 무섭다

소록도가 궂은일을 도맡아
일가를 이루었다는 말 대신에
소록도를 뭐라 노래해야
소록도의 당신들이 상처를 입지 않을까

소록도는 수고하고 무거운 짐 진 자다도
소록도의 당신들을
무거운 짐 취급하였다 하여
상처 입을 것이다

'당신들의 천국'이 되지 못한 오마도를
누구보다 잘 아는 소록도가
당신들의 피와 땀과 눈물이 헛되지 않아야 한다고

외치면
소록도의 당신들에게 위안이 될라나

한때 순해 빠졌으나
나중에 악착같은
소록도가 궂은일을 도맡아
일가를 이루었다는
나 혼자 생각으로 끝내야겠다

남열리 일출

먼 걸음을 한 길들이
더 살아보고 싶은 마음이 들 것이다

먼 걸음을 한 길들 중의 하나인
나도
방전 직전의 배터리인 몸을
충전시키느라
정신이 없다

만만치 않은
해가 낳은
빛기둥, 빛기둥이
해의 물건이다

내가
음탕하단 말을 들을까
무섭다

고흥만 갈대들에게 배우다

고흥만 갈대들에게 배울 게
한두 가지가 아니다

다들
일사분란과 가까이 지낸다

누굴 제치고
앞서 나아가려고 하지 않는다

봐라, 봐
갈대들과 동고동락하는 새떼들을

갈대들만
일사분란과 가까이 지내는 게 아니라
새떼들도
일사분란과 가까이 지내는 것을

고흥만 갈대들에게 배우려고 하지 않아도
배워지는 게
한두 가지가 아니다

나로도가 날개를 달아주다

삼치회를 즐기는
입이 가진
나로도가 날개를 달아준다

나로도가
먼 걸음을 한 길들에게
날개를 달아주는데
눈에 뵈지 않는다

눈에 뵈지 않는,
날개치곤 희한한 날개인
꿈의 날개를
누구도 몰래 달아준다

먼 걸음을 한 길들이
나로도가 달아준
꿈의 날개로
지구 밖으로 날아갔다가
무사히 돌아온다

삼치맛을 아는

입이 가진
나로도가 날개를 달아준다

천등산 비자나무숲에서 헝클어진 마음을 빗질하다

금탑사와 동고동락하는 천등산 비자나무숲에서
헝클어진 마음을
빗질한다

헝클어진 마음을 빗질하는 데
비자숲이 적격이다

누구에게
절대로 가르쳐주고 싶은 마음이 없다

소문이 나면
빗질하다 떨어진
마음의 때로 비자나무숲이
더럽혀지기 때문이다

빗질하지 않아도
헝클어진 마음이
가지런하게 될 수도 있다

금탑사와 동고동락하는 천등산 비자나무숲에서
헝클어진 마음을

빗질한다

영남 용바위가 해룡이 승천하는 데 한몫을 하다

영남 용바위가
해룡이 승천하는 데 한몫을 하였다

영남 용바위가 입을 열어 알게 된 게
아니고
해룡이 바위를 타고 올라간 것을 지켜본
니야오 니야오 갈매기들이
소문을 낸 것이다

영남 용바위는 입이 무거울 뿐만 아니라
자기가 한 일을
생색을 내지 않을 만큼
내공이 세다

니야오 니야오 갈매기들이
영남 용바위 곁을 떠나지 않고
먼 걸음을 한 길들에게
해룡이
영남 용바위에게 신세를 졌다고
소문내고 있다

영남 용바위가
해룡이 승천하는 데 한몫을 한 게 아니고
여러 몫을 하였다

금산해안을 다들 알아본다

장난이 아닌
금산해안을 다들 알아본다

금산해안은
누군가가
자신을 알아보지 못할까 봐
안절부절못한 적이 없다

만에 하나
누군가가
자신을 알아보지 못하면
금산해안이
불만을 토할까,
불만을 토하지 않을까

금산해안이
불만을 토할까,
불만을 토하지 않을까는
나 이외에
누구도 생각해 본 적이 없을 것이다

장난이 아닌
금산해안을 다들 알아준다

마복산 기암들에게 다도해의 섬들이 한눈팔다

내 눈빛이 단번에 올라타
이랴챠챠 말 달리는
마복산 기암들을
다도해의 섬들이 눈독들이고 있다

내 눈빛이 맘에 들지 않으면
마복산 기암들이 나를 내동댕이칠 텐데
내동댕이치지 않는 걸 보면
내 눈빛이 맘에 들지 않지는 않는가보다

나와 라이벌인
다도해 섬들의 눈독에
마복산 기암들이 흠집이 생길까
무섭다

내가 돌아가면
마복산 기암들을 눈독들인
다도해의 섬들이
가만있지 않을 텐데……

내 눈빛이 단번에 올라타

이랴챠챠 말 달리는
마복산 기암들을
다도해의 섬들이 눈독들이고 있다

중산일몰

남열리는
하늘밭 갈러 나온
진흙소인 해를 보여주었는데
중산은
하늘밭 갈고 돌아가는
해를 보여주고 있다

저 산 너머
어딘가에
외양간이 있는 게 분명하다

진흙소인 해가
하늘밭 갈러 나온 곳과
하늘밭 갈고 돌아가는 곳이
정반대이니
이해가 안 간다

밤새 피곤한 몸을 이끌고
그 먼 거리를 걸어
다시 하늘밭 갈러 나오는 해가
하늘밭 갈고 돌아간 해와

같은 해인지
다른 해인지……

남열리는
하늘밭 갈러 나온
진흙소인 해를 보여주었는데
증산은
하늘밭 갈고 돌아가는
해를 보여주고 있다

4부

발포만호성에서 충무사가 눈빛으로 혼잣말을 하다

이순신 장군의 초임지인
발포만호성에서
충무사가 눈빛으로 혼잣말을 한다

충무사가 눈빛으로 하는
혼잣말이 무슨 말인가
눈빛을 들여다보고 들여다봐도
무슨 말인지 모르겠다

도대체
저 눈빛이 무슨 말을 하는가
눈빛을 들여다보고 들여다보다가
청렴박석을 만나고서
저 눈빛이 무슨 말을 하는가 알아냈다

- 이 나무는 관청의 재물로
누구도 함부로 베어 갈 수 없다*

먼 걸음을 한 길들 중에 나 말고
다른 길들도
충무사가 눈빛으로 하는 혼잣말을

이해하고 돌아가는지 궁금하다

이순신 장군의 초임지인
발포만호성에서
눈빛으로 혼잣말을 하던 충무사가
나를 가상하게 여기는 것 같다

* 발포 만호로 부임한 이순신 장군이 초임지인 발포만호성의 오동나무를 직속상관인 전라좌수사가 거문고를 만들기 위하여 베어가려고 하자 못하게 한데서 유래한 말이다.

미르마루길에서 여의주를 꿈꾸다

용바위에서
몽돌해변을 거쳐 우주발사전망대에 이르는
미르마루길에서 여의주를 꿈꾸고 있다

여의주를 꿈꾸는 나를
한눈팔게 하는 게 한두 가지가 아니다

가까이는
용바위, 용굴전망대, 미르전망대,
몽돌해변, 사자바위, 고흥우주발사전망대

멀리는
봉래산, 나로우주센터, 대황도,
구룡산, 시호도, 대옥대도, 소옥대도,
비사도, 마복산, 첨산

여의주, 여의주가 내게 안겨도
아직은 승천할 나이가 아니다는
생각이 나의 뇌를 때린다

개똥밭에 구르더라도

이승이 저승보다 낫다는 말이
무담시 태어나지 않았다는 생각이
뒤따른다

용바위에서
몽돌해변을 거쳐 우주발사전망대에 이르는
미르마루길에서 여의주를 꿈꾸다가 접었다

능가사 목련이 구설수에 오르게 생기다

능가사 목련이
구설수에 오르게 생겼다

빼기지 않아도
빼긴 것처럼 보인다

폼 잡지 않아도
폼 잡은 것처럼 보인다

죄라면
해와 달, 별빛을 챙겨
꽃을 피운 것뿐이다

또 다른
죄라면
너무 잘빠져
전각들로 하여금 한눈팔게 한 것이다

능가사 목련이
구설수에 오르고도 남게 생겼다

능가사 대웅전에게 내가 속을 보이다

능가사 대웅전에게 내가 속을 보였다

능가사 대웅전을 달마 삼은 내가
능가사 대웅전이 나에게
나의 마음을 보이라고
눈빛을 보내길 바란 것이다

내가 기대한 대로
능가사 대웅전이 나의 마음을 보이라고
눈빛을 보내면
마음의 팔뚝을 베어 보일 것이다

아무리 기다려도
능가사 대웅전이 나에게
나의 마음을 보이라는
눈빛을 보내지 않는다

능가사 대웅전이
내 눈빛에서
혜가의 눈빛을 발견하지 못한 건지
혜가의 눈빛을 발견하고도

시치미를 떼는 건지
알 수가 없다

능가사 대웅전에게 내가 속을 보였다

능가사 웅진전이 화엄일승법계도로 나의 발목을 붙들다

능가사 웅진전이
화엄일승법계도로 나의 발목을 붙든다

나에게 화엄일승법계도를 아느냐고
다그치는
능가사 웅진전의 눈빛에
나의 눈빛이 모른다고 이실직고한다

내 눈에 미로처럼 보이는
화엄일승법계는
법성계 210자 희자 4개로
7언 30구로 구성되어 있는데
의상대사義湘大師가 화엄의 요지를 밝힌 글이라고
웅진전의 눈빛에 씌여 있다

이름에만 집착하는 무리들에게
무명의 참된 원천으로 돌아가게 하기 위한
『화엄경』의 근본정신과 깨달음의 과정을 이야기하고 있다고
능가사 웅진전이 계속 눈빛을 보내는데
아무리 들여다봐도 모르겠다

나를 무명의 참된 원천으로 돌아가게 하려고 애쓰는
능가사 웅진전은
자신이 깨우친 것을 이웃들과 나누려한
부처를 닮았다

화엄일승법계도로 나의 발목을 붙든
능가사 웅진전이
마침내 나를 놓아준다

능가사 범종이 범상치 않다

범상치 않은
능가사 범종이
나를 그냥 돌려보낼 리 없다

뭔가를, 뭔가를
나에게 안겨주려고
능가사 범종이 나를 붙들고 있다

능가사 범종이
자신의 몸매를 보여주는데
몸매가 보통이 아니다

능가사 범종이
자신의 몸매에 꽂힌
나를 음탕한 사내로 여길까 무섭다

내가 군침을 흘리면
능가사 범종이
나는 음탕한 놈이라 여길 것이다

능가사 범종 앞에서

군침을 삼키면 삼키지
군침을 흘릴 내가 아니다

능가사 범종이
자신의 몸매를 보여주느라
정신이 없다

연꽃이 대세인
능가사 범종이
나를 그냥 돌려보낼 리 없다

금탑사 동백숲이 지나가는 나를 가만둘 리가 없다

금탑사 동백숲이 지나가는 나를 가만둘 리가 없다

금탑사 동백숲은
내가 동백꽃똥구멍쪽쪽빠는새라는 걸
이명이 쪽쪽새라는 걸
이미 알고 나를 가만두지 않나,
전혀 모르고 나를 가만두지 않나

동백숲 앞의 내가
방앗간 앞의 참새라는 생각에
웃음이 터져 나오려 한다

쪽쪽 쪽쪽 쪽쪽 쪽쪽 쪽쪽 쪽쪽 쪽쪽 쪽쪽

마지못해 붙들린 것처럼
금탑사 동백숲의 동백꽃을 대하는 나는
내가 보아도 능청스럽다

내가 금탑사 동백숲 맛에 취한 건지
금탑사가 동백숲이 내 맛에 취한 건지
확실히 하고 싶다

누가
누구 맛에 취한 건지는
자존심의 문제가 아니라
진실의 문제다

쪽쪽 쪽쪽 쪽쪽 쪽쪽 쪽쪽 쪽쪽 쪽쪽 쪽쪽

내가 금탑사 동백숲 맛에 취하고
금탑사가 동백숲이 내 맛에 취하였다면
서로 취한 것이다

내가 내 앞의 금탑사 동백숲을 그냥 지나갈 리가 없다

금탑사 봄꽃들이 내 눈에 뛰어드는데 말리지 못하다

금탑사 봄꽃들이
내 눈에 뛰어드는데 말리지 못하고 있다

내가 이름을 불러주지 않아도
다들 알아서
내 눈에 뛰어드는데 말릴 방법이 없다

내가 이름을 불러주지 않은 까닭은
봄꽃들 중에 이름을 모르는 꽃들이 있어
누구는 불러주고
누구는 불러주지 않으면
꽃들 사이 위화감이 생길까 두려워서다

꽃들 사이 위화감을 넘어
이름을 불러주지 못한 몇몇 꽃들이
상처 입을 게 불 보듯 뻔하다

한번 뛰어든 봄꽃들이
내 눈에서
나갈 생각을 안 하니 난감하다

키 작은 수선화에서부터
키 큰 동백까지
금탑사 봄꽃들이
내 눈에 뛰어드는데 말리지 못하고 있다

접시꽃이 담장 너머 장독을 내려다보다
- 금탑사

접시꽃이 담장 너머 장독을 내려다보고 있다

내려다보지 않은 척하면서
내려다보고 있다

장독들이
접시꽃이 내려다보는 걸 눈치채지 못하고 있다

장독들은
담장 밖의
접시꽃을 올려다보는 것은 물론
올려다볼 생각조차 못하고 있다

접시꽃이
응큼하다는 말 듣게 생겼다

접시꽃이 담장 너머 장독을 내려다보고 있다

파초 두 그루가 극락전의 심복이다

파초 두 그루가 극락전의 심복이다

심복이라는 말에도
파초 두 그루가 인상을 구기지 않는 건
극락전의 심복이어서다

극락전의 심복을
아무나 하는 게 아니기에
자신들이
검증됐다는 것을 의미하기에
파초 두 그루는 불만을 토하지 않는다

극락전의 심복을
자처했는지도 모른다

파초 두 그루가
언제 출가했는지 알 수 없으나
불심이 깊은 건 틀림없다

파초 두 그루가 극락전의 심복이다

금탑사 담장의 능소화가 약수터를 약사전 삼았다

너무 아름다워
서러운
담장의 능소화가 약수터를 약사전 삼았다

담장의 능소화에게
약수터 물소리는
약사여래의 말씀이다

끊기지 않는
약사여래의 말씀인
약수터 물소리에
담장의 능소화가 가는귀먹었겠다

담장의 능소화가 가는귀먹지 않았다면
약사여래의 말씀인
약수터 물소리를
담장의 능소화가 마음의 양식 삼았다

담장의 능소화의
태자리가
속세인지

아니면 금탑사인지
궁금하다

너무 아름다워
서러운
담장의 능소화에게 약수터는 약사전이다

꽃무릇
- 금탑사에서

거추장스러운 건 다 내던져버렸다

딱 지닐 것만 지녔다

검소하면서도
화려하다

5부

소록도

파란만장과 가까이한 세월이
백년이 넘었다

뒤늦게
녹동항과 한 몸이 되었다

녹동항의
사랑을 독차지하고 있다

녹동항에게 신세진 줄 알았더니
그 반대다

등 돌리지 못하도록
녹동항이 붙들어 놓았다

산전수전과 가까이한 세월이
백년이 넘었다

국립소록도병원은 수고하고 무거운 짐 진 자이다

국립소록도병원은 수고하고 무거운 짐 진 자이다

한센인들에게 어두운 생각을 못하게 하는 데
생을 다 바친
국립소록도병원은 남다르다

남다른
국립소록도병원이
이따금 고개를 숙인다

공과功過를
누가 따지지 않지만
국립소록도병원의 지나간 미래가
국립소록도병원을 가만두지 않아서다

먼 걸음을 한 길들 앞에서
안절부절못하는
단종대, 검시실을
국립소록도병원이 감춘 적이 없다

국립소록도병원이 낳은

소록도 100년사
「한센병 그리고 사람, 백년의 성찰」은
유불리를 떠나
지나간 미래의 잘못을 직시하고 있다

국립소록도병원은 수고하고 무거운 짐 진 자이다

단종대가 얼굴을 들지 못한다

단종대가 얼굴을 들지 못한다

자기가 지은 죄를 이실직고하고 있다

발뺌을 할 수가 없다

-그 옛날 나의 사춘기에 꿈꾸던
사랑의 꿈은 깨어지고
여기 나의 25세 젊음을
파멸하는 수술대 위에서
내 청춘을 통곡해가며 누워 있노라

장래 손자를 보겠다던 어머니의 모습
내 수술대 위에서 가물거린다
정관을 차단하는 예리한 메스가
내 국부에 닿을 때
모래알처럼 번성하라던
신의 섭리를 역행하는 메스를 보고
지하의 히포크라테스는
오늘도 통곡한다

증인이 따로 없다

입이 열 개라도 할 말이 없다

단종대가 얼굴을 들지 못한다

* 단종수술을 받은 李東이란 한센인이 쓴 시이다.

수탄장愁嘆場

곰솔들이
좌와 우에 사열하고 있다

눈물바람이라는 말을
누구보다 잘 아는 이들이
곰솔들이다

바람을 안고
바람을 등지고

보지 말아야 할 풍경을
곰솔들이 다 지켜보았다

한 달에 한 차례
곰솔들도 목이 매였다

곰솔들이
되새김질하고 싶지 않은
추억에
숱한 밤을 시달렸다

곰솔들이
좌와 우에 사열하고 있다,
여전히

수오 마사스를 이춘상이 단죄하다

과대망상을 가까이한
수오 마사스를 이춘상이 단죄하였다

수오 마사스가
과대망상을 멀리하고
칸트를 가까이하였더라면
생을 불명예 졸업하지 않았을 것이다

한센인을
수단이 아닌
목적으로 다룬 것이 화근이었다

수오 마사스에게
개과천선할 기회를 주지 않은 것은
개과천선의 여지가 보이지 않아서다

수오 마사스가 낳은
정례 보은감사일에
소록도의 비참한 생활을 폭로하기 위하여
수오 마사스의 가슴에 칼을 꽂은
이춘상은 제2의 안중근이었다

과대망상을 가까이한
수오 마사스를 이춘상이 단죄하였다

하나이 젠키치는 송덕비로 영원히 살아남았다

수오 마사스는
생을 불명예 졸업하였지만
하나이 젠키치는
송독비로 영원히 살아남았다

수오 마사스는
칸트를 멀리하고
하나이 젠키치는
칸트를 가까이한 것이다

인간을 수단으로 다루지 말고
목적으로 다루란 말을
수오 마사스는 알아먹지 못하고
하나이 젠키치는 알아먹은 것이다

모르긴 몰라도
하나이 젠기치는
'머리 위에는
별이 반짝이는 하늘,
내 마음에는
도덕률'이란 칸트의 말을

가슴에 새긴 게 분명하다

수오 마사스는
생을 불명예 졸업하였지만
하나이 젠키치는
송독비로 영원히 살아남았다

마리안느와 마가렛이 소록도란 박토를 일구는 데 앞장서다

마리안느와 마가렛이
소록도란
박토를 일구는 데 앞장섰다

소록도란 박토를 일구는 데
요령을 피우지도 않고
잔머리를 굴리지도 않고
소록도란 박토를 일구는
마리안느와 마가렛을
의사들과 직원들과 한센인들이 알아보았다

보고만 있을 수 없는
의사들과 직원들과 한센인들도
마리안느와 마가렛의 뒤를 따라
소록도란 박토를 일구었다

한두 해도 아니고
수십 년을
소록도란 박토를 옥토로 바꾼
마리안느와 마가렛은
한 통의 편지만을 남기고

어느 날 떠났다

나이 들어 짐이 될까 봐
그냥 떠난다 했지만
누구도 몰래
조용히 떠나지 않고서는
이별이 불가능하다는 것을 감지한 것이다

마리안느와 마가렛이
소록도란
박토를 일구는 데 앞장섰다,
누구보다

감금실은 면목이 없다고 한다

먼 걸음을 한 길인 나와
눈빛이 마주치자마자
감금실이 면목이 없다고
눈빛을 보낸다

감금실의
면목없다는 눈빛에
뭐라고 답을 해야 하나
고민이다

일제강점기에
본의 아니게 한 일이니
이해하고 넘어가겠다는 말은
죽어도 하지 않을 것이다

내가 너그럽게 대하면
나를 시퍼보고
대충 그러니까 어물쩍 넘어갈라 할 것이다

문제는
면목 없다는 말이

진심인가
거짓인가에 달려 있다

- 아무 죄가 없어도 불문곡직하고 가두어 놓고
왜 말까지 못하게 하고 어째서 밥도 안 주느냐
억울한 호소도 들을 자가 없으니
무릎을 꿇고 주께 호소하기를
주의 말씀에 따라 내가 참아야 될 줄 아옵니다

내가 불신자였다면 이 생명 가치 없을 바에는
분노를 기어코 폭발시킬 것이오나
주로 인해 내가 참아야 될 줄 아옵니다

이 속에서 신경통으로 무지한 고통을 당할 때
하도 괴로워서 이불껍질을 뜯어
목매달아 죽으려고 했지만
내 주의 위로하시는 은혜로
참고 살아온 것을 주께 은혜로
참고 살아온 것을 주께 감사하나이다

저희들은 반성문을 쓰라고 날마다 요구받았어도

양심을 속이는 반성문을 쓸 수가 없었노라.

내가 김정균의 글을 들이대면
면목 없다가 아니라
죽을죄를 졌다고 할 것이다

먼 걸음을 한 길인 나와
눈빛이 마주치자마자
면목이 없다고
눈빛을 보낸 감금실에게
백번 죽어 마땅하다고
눈빛을 보낸다

검시실이 안절부절못하다

검시실이 안절부절못한다

먼 걸음을 한 길들 중에
누구도
네 죄를 네가 알렸다 하지 않아도

안절부절못하는 검시실을
멱살을 잡을 필요도
발길질을 할 필요도 없다

너그럽단 말을 듣기 위해서
과오를 추궁하지 않는 게 아니다
과실도 있지만
공로도 있다

검시실이 쩔쩔맨다

천주교 야외공원의 지나간 미래는 벽돌공장이다

천주교 야외공원의 지나간 미래는
벽돌공장이다

벽돌을 자급자족하지 않았으면
오늘의 소록도가
한센인들의 천국이 되는 데
차질을 빚었을 것이다

십자고상이 자리를 잡은
저 자리가
벽돌공장의 굴뚝이 있던 자리인데
십자고상과 굴뚝은 어떤 인연이 있을까

천주교 야외공원에 얼굴 내민
나무들과 돌들 하나하나가
그냥 함께한 게 아니라 다 이유가 있다

비유와 상징은 글 속에만 있는 게 아니라
천주교 야외공원에도 있다

천주교 야외공원의 지나간 미래는
벽돌공장이다

소록대교는 보리피리다

녹동 앞바다는 보리밭이고
소록대교는 보리피리다

봄 언덕 고향이
얼굴 내민다

꽃청산 어린 때가
뒤따른다

인환의 거리
인간사가
가만있지를 않는다

방랑의 기산하
눈물의 언덕
역시 가만있지를 않는다

소록대교는 보리피리고
녹동 앞바다는 보리밭이다

* 한하운 시인의 『보리피리』를 차용하였다.

구라탑救癩塔의 구라는 거짓말로 오독하기 십상이다

날개를 단 미카엘 대천사가 창을 들고
사탄을 단죄하고 있는
구라탑의 구라는
거짓말로 오독하기 십상이다

구라탑은
오마도에서
당신들의 천국을 꿈꾸다가
좌절한 한센인들을 위하여 태어났는데
오마도에서 당신들의 천국을 꿈꾼
한센인들의 이름을 다 기억하고 있다

만에 하나
한센인들의 이름을 잊어버릴까 봐
오마도에서
당신들의 천국을 꿈꾼
한센인 113인의 이름을 아예 몸에 새겨 놓았다

한센인들에게 천국을 안겨주겠다고
방조제 노역을 하게 한
조창원 병원장이 교체되는 바람에

공사는 중단되고
약속은 깨졌다

오마도는 죽어도 뺏기기 말아라
뺏기려면 차라리 목에다 돌을 매달고
바다에 빠져 죽어라는
당부를 하고 떠난 조창원 병원장을
한센인들은 죽어도 잊지 못할 것이다

날개를 단 미카엘 대천사가 창을 들고
사탄을 단죄하고 있는
구라탑의 구라는
거짓말로 오독하기 십상이다

한센병박물관은 거짓이 없다

국립소록도병원 개원 100주년이 낳은
늦둥이인
한센병박물관은 거짓이 없다

유불리를 따지지 않고
모든 것을 다 털어놓는다

미란다 법칙 같은 건
안중에 두지 않는다

가혹 행위는 물론
학살에 이르기까지
모든 것을 이실직고하고 있다

누가 이실직고하라고
옆구리를 찌른 적도 없다

백의민족의 후예 아니라 할까 봐
흰색을 즐긴다

국립소록도병원 개원 100주년이 낳은

늦둥이인
한센병박물관은 가식이 없다

소록도 한하운 시비가 드러누워 있다

고단하지 않다면
거짓말인
소록도 한하운 시비가 드러누워 있다

서서 우리를 맞이한 게 아니라
드러누워 우리를 맞이해도
누가 입방아에 올리지 않는다

드러누워 있어도
다 이해하고 넘어가는 것은
한하운의 삶을 이미 들여다보아서다

한하운 시비 아닌 다른 시비가
드러누워 우리를 맞이하면
진즉 입방아에 올랐을 것이다

거만하다는 말은 물론이고
건방지다는 말까지
여기저기서 뱉어냈을 것이다

고단하지 않다면

거짓말인
소록도 한하운 시비가 드러누워 있다

소록도의 달

슬픔을 덜어주려 얼굴 내밀지

슬픔을 덧나게 하려고 얼굴 내밀겠는가

6부

금강죽봉 주상절리가 끝내준다

금강죽봉 주상절리가 끝내준다

뭘 보고 끝내준다고 말하냐며
증거를 대라 하면
증거를 댈 수 있다

먼 걸음을 한 길들의
입이 벌어진다

벌어진 입이
다물 줄 모른다

입만 벌어진 게 아니라
눈빛도 뿅 갔다

먼 걸음을 한 길들의
입이
눈빛이
일부만 벌어지고
일부만 뿅 간 게 아니라
모두 다 그런다

금강죽봉 주상절리가 끝내준다

활개바위는 누가 보는 데서 활개를 치지 않는다

언젠가부터
활개바위는
누가 보는 데서
활개를 치지 않는다

활개바위가
활개를 치는 것을
누구도 보지 못한 이유가
여기에 있다

태어날 때
활개바위가
활개를 친 게
분명하다

활개바위가
활개를 치는 것을
지켜본 이들은
다 생을 졸업하였다

언젠가부터

활개바위는
누구도 보지 않을 때
활개를 친다

화도

화도가
소록도, 거금도, 녹동이
지켜보는 가운데
귀여움을 토하고 있다

한때 김이 먹여 살렸던
화도를
지금은 굴과 멸치가 먹여 살리고 있다

굴과 멸치에 만족하지 않고
자신을 업그레이드하려고
불철주야 노력하는 화도가
소록도의
거금도의
녹동의 눈 밖에 났다는 소리를
들어본 적이 없다

소록도가
거금도가
녹동이 돌보지 않으면
화도를 누가 돌보겠는가

화도가
소록도, 거금도, 녹동의
사랑을 독차지하고 있다

시산도

곧 죽어도
면민 아니고 읍민이다

김으로 일가를 이루어
이웃들의 부러움을 사고 있다

무학도, 부아도, 솔섬,
삼푸섬 등
신경 써야 할
아우들이 한둘이 아니다

다행히
아우들이
사고 친 적이 없다

샛구무
섯구무 중에
샛구무는 여전히 잘나가고
섯구무는 몹시 되었다

곧 죽어도

면민 아니고 읍민이다

* 샛구무는 동쪽에 있는 선창이고
섯구무는 서쪽에 있는 선창이다

득량도

득량도가
이순신 장군이 23전 23승하는 데
지대하게 공헌한 건
전쟁도 식후전이어서다

해와 달, 별빛에 취하고 싶으면
워낭소리에
도라지꽃에
유자향기에 취하고 싶으면
득량도의 품에 안기면 된다

장흥이,
완도가,
고흥이
득량도를 한 차례씩 차지하였다

마지막에
차지한 이가 고흥인데
명품어촌인 득량도를
절대로 내놓지 않을 것이다

먼 걸음을 한 길들 중 하나인 내가
함께 대처로 떠나자 하니
자식 집 쌀밥보다
내 집 보리밥이 낫다며 고개를 젖는다

거금도

끝내준다

서편제와
동편제가 어깨동무한
동초제로 일가를 이루었다

명창 김연수와
애제자 오정숙이 묻힌 무덤이
적대봉을 바라보며
눈빛으로 소리하고 있다

이산 저산 꽃이 피면이
춘향가, 흥부가, 수궁가가
섬을 들어올렸다 내려놓았다 한다

튼튼하다

덩치 하나만으로도
이웃들의 부러움을 사고도 남는다

프로레슬링 세계챔피언 김일이

그냥 태어난 게 아니다

반칙왕이라는 오명을 쓴
의리의 사나이 백종호 레슬러가
김일기념체육관을 받들어 모시고 있다

친절하다

둘레길이 가만있지를 않는다

붉은노을길,
솔갯내음길,
바다모자이크길,
섬고래길,
월포허리길,
두둥실길,
레슬러의길이 의기투합하였다

둘레길도
식후경이라고
매생이 씨앗 호떡이 눈빛을 보낸다

매생이 씨앗 호떡이
연홍도로 하여금 군침을 삼키게 한다

누구도
못 말릴 일이
한두 가지가 아니다

* 붉은노을길 (금진항 ~ 우두마을)
솔갯내음길 (우두마을 ~ 금장마을)
바다모자이크길 (금장마을 ~ 오천항)
섬고래길 (오천항 ~ 명천마을)
월포허리길 (명천마을 ~ 동정고개)
두둥실길 (동정고개 ~ 중촌마을)
레슬러의길 (중촌마을 ~ 금진항)

오마도는 마음이 편치 않다

오마도는 마음이 편치 않다,
이따금

당신들의 천국이 되어주지 못한 데 대하여
자책을 한다

오마도 자신이 책임질 일이
아니었는데도
자책하는 것을 보면
오마도는 마음이 여리다

오마도는
당신들의 천국을 꿈꾼 한센인들에게
적지 않은 신세를 진 것을
잊지 않고 있다

한센인들에게 진 신세를
갚아야 하다는 생각을 떨쳐버리지
못하고 있다

오마도는 머리가 복잡하다,
이따금

연홍도

소박하면서도 화려하다

가고 싶은 섬이 아니라
아예 주저앉고 싶은 섬이다

백종호 레슬러와
박지성을
뒷바라지하고도 티를 내지 않는다

지붕 없는 미술관이
지붕 있는 미술관을 낳아도
구설수에 오르지 않았다

마을을 돌본
마을의 제일 어른인 팽나무가
마을의 돌봄을 받아야 할 때가
머지않았다

다시마, 톳, 장어가
효자 노릇한다

쫌뱅이탕, 보말고둥무침,
군부무침, 톳무침으로
경향각지의 길들을 죽여준다

화려하면서도 소박하다

지죽도

지죽도는 금강죽봉이다

죽도,
묵도,
대염도,
소염도와 이웃사촌이다

거금도,
시산도와는
이웃사촌이라면 이웃사촌이고
이웃사촌이 아니라면 이웃사촌이 아니다

아니다,
아니다

거금도,
시산도와는
먼 이웃사촌이다

의자바위와
촛대바위가

우리는 뭐냐고 불만을 토할 수 있다

지죽도는 의자바위다

지죽도는 촛대바위다

죽도

지죽도와 형제지간이다

지죽도가 옆구리에 차고 있다 해도
인상을 구기지 않는다

여름에는 갯장어에
겨울에는 김에 꽂혀
누가 무슨 말을 해도 신겨 쓰지 않는다

동병상련인 지죽도에게
배운 것도 많고
가르쳐 준 것도 많다

지죽도는
금강죽봉인데
죽도는 뭐냐고 물으면
못 들은 척한다

금강죽봉만 아니면
지죽도에게 꿀릴 게 없는 게 아니라
형만 한 아우가 없다는 말을
잊지 않고 있다

외나로도

지나간 미래가 조선의 말목장인
외나로도가
일제강점기에 삼치파시로 잘나갔다

그냥 잘나간 게 아니라
축정항 그러니까 나로도항을 거느린
외나로도가
고흥에서 제일 잘나갔다

기록은 경신된다고
잘나가던 축정항이
쇄락의 길을 걸은 것은
시대의 욕구를 충족시키지 못해서다

외나로도가
고민이 없는 것은 아니지만
다행히 지금은
나로우주센터우주문학관으로 잘나가고 있다

내나로도

덕흥리, 백양리, 봉영리가
어깨동무한
내나로도가 외나로도와 동병상련 중이다

시대의 욕구를 충족시키지 못한
축정항이
쇠락의 길을 걸을 때
덕흥이 잠시 잘나갔다

고흥과 내나라도가 연륙되면
더 잘나갈 줄 알았던
내나라도가
외나라도와 함께 쇠락의 길을 걸었다

국립청소년우주센터가
내나라도를 위하여 열심히 뛰지만
역부족이다

덕흥리, 백양리, 봉영리가
어깨동무한
내나로도가 쇠옹지마란 말을
외나로도와 함께 실감하고 있다

백일도

동병상련인
옥금도, 외백도, 내백도, 소백도가
어깨동무하여 태어났다

옥금도, 외백도, 내백도, 소백도 중에
하나로도
따로 놀겠다 했으면
백일도는 지금의 모습이 아닐 것이다

옥금도, 외백도, 내백도, 소백도는
혼자 노는 것보다
함께 노는 것이 더 좋다는 걸 알고 있다

갯벌에 살어리랏다
꼬막과 석화가
백일도를 먹여살리고 있다

동병상련인
옥금도, 외백도, 내백도, 소백도가
어깨동무하여 태어난
백일도는 어깨동무를 풀 생각이 없다,
죽어도

사양도

애도가 먼 걸음을 한 길들의
사랑을 독차지하다시피 하여도
사양도는
애도를 시기하거나 모함하지 않는다

애도가 잘나가는 바람에
자신도 잘나가는데
사양두가 뭐하러
애도를 시기하고 모함하겠는가

애도 아니면
먼 걸음을 한 길들이
사양도를 방문할
아무런 이유가 없는 것도 아니다

사양도가 내세우지 않아서 그러지
먼 걸음을 한 길들의
눈길을 끌 수 있는 것이
한두 가지가 아니다

애도가 먼 걸음을 한 길들의

사랑을 독차지하다시피 하여도
사양도는
애도를 시기하거나 모함하지 않는다

수락도

다들 등 돌리고 떠난 뒤
잠시 의기소침했던
수락도가 활기를 되찾았다

수락도를 알아본
누군가가 수락도를 찾은 것이다

자신을 알아보고
자신을 찾아온 누군가를
애지중지하지
소홀히 할 수락도가 아니다

다들 등 돌리고 떠날 때
아쉬운 소리도
징징거리지도 않은 수락도가
꽃 본 듯이
누군가를 맞이한 걸 보면
많이 외로웠던 모양이다

누군가, 누군가를 따라
또 다른 누군가가

자신을 알아보니
수락도는 이보다 좋을 수가 없다

다들 등 돌리고 떠난 뒤
잠시 상처 입었던
수락도가 활기를 되찾았다

여도

가까스로 목숨을 부지한
갈 데 없는
갑신정변의 주역인
김옥균과 생사고락을 함께한
신기선과 놀았다

가방끈 짧아도
신기선과 논 덕에
동도서기론이
무엇인지 안다

신기선 이전엔
좌도 도만호영이 바다를 호령하도록
뒤에서 꽉꽉 밀어주었다

좌도 도만호영에게
배운 게
신기선에게
배운 것 못지않았다

한때
이웃섬들의 부러움을 샀다

원주도

여호리도, 우모도, 계도, 계목도가
의기투합하여
효자노릇하고 있다

꼬사리섬과 컬도는 아우들이고
백일도, 해하도, 진지도,
윗돔배섬, 아랫돔배섬은 이웃사촌이다

발대끝, 막끝, 붙드렁끝,
술식금, 이개금, 동금, 농금, 모래금은
언제나 두문불출이다

여전히
무궁화동산을 자처하는 폐교의
올데갈데없는 소녀상의 소녀가
여전히 책 읽느라 정신이 없다

취도

해창만이 한 몸이 된 취도는
몸도 마음도 건강하다

갈매기들이
백로가
전혀 눈치를 보지 않을 정도로
취도는 너그럽다

취도가
폐교, 폐교를 없애지 않고
여전히 붙들고 있는 것은
그리운 것은 모두 다
폐교에 있기 때문이다

전어 미끼로
갯장어 잡는 재미로
시간을 죽이는 취도는
해창만의 눈 밖에 난 적이 없다

해창만이 애지중지하는 취도는
몸도 마음도 건강하다

시호도

시호도가 다시 태어났다

지나간 미래가
다가온 과거를 다 물리쳤다

움막,
부싯돌,
장작패기,
직화구이 아니면 발을 못 붙인다

개막이,
개막이가
효자다

굴과 바지락은
효녀다

다시 태어난
시호도가 답이다

우도

하루에 두 차례 섬이 됐다가
육지가 됐다가 한다

변덕이 심하다는 말을
들을 수 있으나
우도가 변덕이 심한 게 아니고
바다가 변덕이 심한 것이다

쥐섬, 각도섬, 상구룡섬, 중구룡섬,
하구룡섬을
옆구리에 찬 우도는
변덕이 심한
바다에게 불만을 토한 적이 없다

변덕스런 바다가 우도에게
낙지, 숭어, 서대, 양태, 전어,
병어, 꽃게, 새우, 고동, 짱뚱어, 굴,
바지락, 칠게를
지루하지 않게 뉘나지 않게
철따라 안겨준다

전교생이 단 1명인
남양초등학교 우도분교를
우도와 앞바다가 애지중지한다

하루에 두 차례 섬이 됐다가
육지가 됐다가 한다

쑥섬이 별들의 사랑을 독차지하다

붉가시나무, 구실잣밤나무,
육박나무, 후박나무, 참식나무가
부동이화 중인
쑥섬이
별들의 사람을 독차지하고 있다

쑥섬이
별들의 사람을 독차지한 이유가
뭘까 들여다보니
비밀의 정원인 별정원 때문이다

쑥섬이
비밀의 정원인 별정원을 낳아
애지중지하니
별들이 신경을 쓰지 않을 수 없다

쑥섬이 낳은
비밀의 정원인 별정원을 모르면
별이 아니다 할 정도로
별들 사이 소문이 났다

별들에게 귀염을 토한
쑥섬이
별들의 사랑을 독차지하고 있다

사의재 시인선 94

고흥

1판 1쇄 인쇄일 | 2021년 5월 4일
1판 1쇄 발행일 | 2021년 5월 10일

지은이　　김재석
펴낸이　　신정희
펴낸곳　　사의재
출판등록　2015년 11월 9일　제2015-000011호
주소　　　전라남도 목포시 용당로 331번길 88, 202동 202호
전화　　　010-2108-6562
이메일　　dambak7@hanmail.net
ⓒ 김재석, 2021

ISBN 979-11-88819-95-9 03810

지은이와 출판사의 동의 없이 이 책의 내용 중 전체 또는 일부를 인용하거나 발췌하는 것을 금합니다.

사진 자료는 고흥군청으로부터 제공 받았습니다.

값 10,000원